서울대학교 일본연구소
Reading Japan **31**

# 스가 내각 출범 이후 한일관계를 구상하다

## 젊은 연구자의 시선

저 자 : 남기정, 오승희, 손석의

*Publishing Company*

이 논문 또는 저서는 2019년 대한민국 교육부와 한국연구재단의 지원을 받아 수행된 연구임 (NRF-2019S1A6A3A02102886)

# 책 을 내 면 서

서울대 일본연구소는 국내외 저명한 연구자와 다양한 분야의 전문가를 초청하여 각종 강연회와 연구회를 개최하고 있습니다. 〈리딩재팬〉은 그 성과를 정리하고 기록한 시리즈입니다.

〈리딩재팬〉은 현대 일본의 정치, 외교, 경영, 경제, 역사, 사회, 문화 등에 걸친 현재적 쟁점들을 글로벌한 문제의식 속에서 알기 쉽게 풀어내고자 노력합니다. 일본 연구의 다양한 주제를 확산시키고, 사회적 소통을 넓혀 나가는 자리에 〈리딩재팬〉이 함께하겠습니다.

# 차 례

IJS 서울대학교 일본연구소
Reading Japan 31

# 주제발표

# 스가 내각 출범 이후
# 한일관계를 구상하다
## : 젊은 연구자의 시선

⟨서울대학교 일본연구소 개소 16주년 좌담회⟩

일시 : 2020년 11월 18일(수) 오후 1시~2시 30분

장소 : 서울대학교 국제대학원 국제회의실 (140-2동, 4층)

주최 : 서울대학교 일본연구소

**남기정** : 시간이 되어서 프로그램을 시작하도록 하겠습니다. 바쁘신 와중에 와주셔서 감사합니다. 오늘 행사는 일본연구소 개소 16주년 행사로 진행되는 좌담회입니다. 제목이 "스가 내각 출범 이후 한일관계를 구상하다"로 되어있는데요, 특히 두 분 젊은 연구자를 모셔서 '젊은 연구자의 시선'이라는 부제의 좌담회를 열게 되었습니다.

9

포스터를 만들 때 몇 가지 시안이 있었는데 제가 특별히 "젊은 연구자의 시선"이라는 걸 강조해달라고 요청했습니다. 최근 여러 곳에서 비슷한 내용의 행사들이 있습니다만, 저희 연구소가 지금 이런 상황에서 특별히 우리 사회에 기여할 수 있는 것은, 문제를 바라보는 젊은 시선을 소개해 드리고 문제를 풀어가는 데 새로운 흐름을 만들어낼 수 있도록 자리를 마련하는 것이라고 생각되었습니다. 그래서 이런 부제를 붙여 좌담회를 진행하게 되었습니다.

새삼 부제를 붙여놓고 나니 "젊다는 것"은 뭘까 하는 생각이 들었습니다. 젊다는 것은 나이가 들지 않았다는 것인데, 나이가 들지 않았다는 것이 무엇일까를 생각하다 보니 나이가 든다는 것은 무엇일까 하는 생각도 드네요. 나이가 들면 기량이 원숙해지고 성격이 원만해지면서 실수도 덜하게 되는 것 같습니다. 반대로 젊을 땐 실수를 많이 하게 되는 것 같아요. 그런데 실수라는 게 하고 싶어서 하는 게 아니라, 열심히 하다 보면 실수를 하게 되는데, 통상의 규범이나 일반적인 생각에서 약간 벗어나는 것을 우리는 실수로 부르는 것 같습니다. 그런 의미에서 오늘은, 기존 권위가 만들어 놓은 기준을 벗어나는 행위로서의 실수를 두 젊은 연구자에게 기대하고자

합니다.

다행히 최근 한일관계 분위기가 조금 풀려서 약간의 실수는 용서가 되는 것 같네요. 적극적으로 실수해 주시길 바라고요, 실수를 하려면 마음이 조금 편안해져야 하니 편안한 분위기를 만들어드리고 싶습니다. 기존 권위에 도전한다는 생각으로, 하고 싶은 말 충분히 하시면서 진행했으면 좋겠습니다.

제가 두 분께 미리 큰 질문 네 가지를 드리긴 했습니다만, 이 질문에 너무 속박 받지 마시고 해주셨으면 합니다. 일단 스가 내각의 출범이라는 것이 키워드이다 보니 우선 "아베 시대를 어떻게 평가할 것인가"라는 점, 두 번째로 "스가 내각의 전망"을 세워주시면 될 것 같고, 세 번째로는 지금 마침 미국에서 대선이 있었는데, "미국 대선 이후 전개되는 한일관계"를 어떻게 보고 있는지, 마지막으로 가장 중요한 질문으로 여러분 시각에서 "한일관계 미래를 어떻게 구상하고 있는지"에 대한 내용으로 본인의 생각을 전개해주셨으면 합니다.

젊은 연구자로는 두 분을 모셨습니다. 오승희 박사와 손석의 박사입니다. 오승희 박사는 2016년에 이화여자대학교에서 학위를 마치셨고, 전후 중일관계를 '인정투쟁'이라고 하는 중요한 틀로 정의해주셨습니다. 제가 발표도 인상 깊게 듣고 글도 재미있게 읽었던 기억이 납니다. 손석의 박사는 2018년 서울대학교 국제대학원에서 학위를 마치셨고 자민당-공명당의 선거 연합, 선거 카르텔이라는 개념으로 학위논문을 완성하셨습니다. 저도 심사위원의 한 사람으로 그 과정을 감명 깊게 지켜봤고 1955년 체제를 대체할 '1999년 체제'를 주장하는 구도로 읽었던 기억이 납니다.

두 분에게 젊은 연구자의 시선을 적극적으로 드러내 주실 것을 요청드리며, 재기 발랄하게 권위에 도전해 주실 것을 요청드렸는데 두 분 모두 인정투쟁이라는 새로운 개념을 가져와서 문제를 바라보는 틀을 제공해 주신다거나, 99년 체제라는 키워드를 제시해 주시는 등, 도전적 연구 태도를 가지고 계신 분들이어서 딱 적합한 발제자분들이 아닐까 하는 생각이 듭니다.

발표는 약 20분 정도로 부탁드리겠습니다. 먼저 오승희 박사님, 부탁드립니다.

## 주제1
# 한일관계 세대분석

- MZ세대의 일본관을 조사해봤을 때 '나' 중
- 심적인 대외관, '소비'하는 일본. 반일보다
- 는 '공정'이라는 키워드에서 보면 이전 세
대와는 조금 다른 일본관이 형성되고 자리
잡기 시작한 것은 아닌지 생각해보게 됩니
다. 일본과의 관계를 양자관계에서만이 아
니라 미국을 포함한 3자 관계나 더 넓게는
국제관계의 맥락에서 일본을 인식하고 있
고, 이러한 변화가 앞으로 조금 더 달라지
는 한일관계를 만들어 갈 수 있는 부분이
있지 않을까 생각합니다. 또한 한국과 일본
이 서로 "너가 나를 싫어하니까 나도 너를
싫어할 수밖에 없다"는 상호작용을 확인할
수 있는데요. 이러한 '상호혐오의 악순환'을
어떻게 넘어설 수 있을까를 앞으로 계속 고
민해 보고 싶습니다.

# 한일관계 세대분석
## : 청년 세대(MZ세대)가 보는 한일관계

오승희
(동아시아연구원 수석연구원)

오승희 : 안녕하세요 방금 소개받은 오승희라고 합니다. 저는 동아시아연구원에서 수석연구원으로 재직하고 있습니다. "젊은 연구자의 시선"을 말씀해 주셨는데, 최근에 마침 제가 연구원에서 분석하고, 연구하고 있는 내용도 "젊은 세대들은 한일관계를 어떻게 바라보고 있는가"에 관한 내용이 있어 연계해서 말씀드리면 좋을 것 같아 자료를 준비해봤습니다.

사용하고 있는 데이터는 동아시아연구원(EAI) 홈페이지 내 여론조사 데이터 결과 페이지에 게시된 자료입니다. 2013년부터 매년 한국인의 일본인식, 일본인의 한국인식을 조사하고 있는 〈한일 국민상호인식조사〉 데이터입니다.[1] 사실 이 조사는 매년 5월에 진행되어왔습니다만, 2019년 데이터가 한일관계가 냉각되기 이전 데이터이기 때문에, 2019년 7월 수출 엄격화 조치 이후 달라진 인식을 조사하기 위해 10월에 추가로 관련 설문을 실시했습니다. 또한 올해 5월에 진행된 〈한국인의 정체성〉 조사 중 일본과 관련된 문항들을 같이 살펴보았습니다. 그중에서도 특히 20대와 30대의 응답에 주목해서 젊은 세대들의 답변과 평균 응답, 다른 세대와의 응답을 비교해보았습니다.

20대와 30대는 청년 세대라고 할 수가 있겠습니다. 20~30대 청년 세대는 최근에 밀레니엄 세대와 Z세대로 구분을 하고 있고 합쳐서 MZ세대라고 부르기도 합니다. 특징은 여러 가지가 있겠습니다만, 트렌드 분석과 관련된 책들과 기사에 자주 언급되는 내용을 바탕으로 크게 다섯 가지로 정리를 하면, 우선 첫 번째는 디지털 환경에 익숙하다는 점, 즉 디지털 기기를 원어민처럼 자유자재로 활용하는 '디지털 네이티브'입니다. 두 번째는 다양한 삶을 만나는 것을 추구한다고 해서, 이렇게 '다만추'라고

---

[1] 동아시아연구원. 2020.10.15. "[EAI·言論NPO 공동기자회견] 제8회 한일 국민 상호인식조사 발표." 〈여론조사데이터〉 http://eai.or.kr/new/ko/etc/data_view.asp?intSeq=20043& board=kor_poll&keyword_option=&keyword=&more=

줄여서 부르기도 합니다. 세 번째는, 자신의 취향과 신념, 소신을 표출하는 '미닝 아웃(meaning out)'을 한다는 특징이 있습니다. 네 번째는 일과 삶의 균형을 중시한다는 점이고, 마지막으로 가장 제가 중요하게 보는 것은, "나를 중심으로 세계를 바라본다"는 것으로, 자신의 만족을 우선으로 고려하는 특징을 MZ세대에서 찾아볼 수 있다고 하겠습니다.

MZ세대의 가치관과 선호도는 집단보다는 개인의 행복을 추구하고, 소유보다는 공유를 추구하고, 상품보다는 경험을 중시하고, 균형을 추구하고, 자신의 신념을 표출하는 것을 매우 중요시 여긴다고 요약할 수 있습니다. MZ세대는 SNS를 기반으로 정보를 수집하고, 주요 소비 주체로 자리 잡고 있고, 또 정치적인 영향력을 가진 한국 사회의 중추 집단으로 등장하고 있다는 점에서 주목할 필요가 있습니다. 이들이 바라보는 한일관계, 일본에 대한 인식은 어떠한가에 대해 살펴보도록 하겠습니다.

2013년부터 2020년까지 일본인의 한국인식, 한국인의 일본인식을 비교한 데이터를 살펴보면, 2017년 이전까지는 일본인의 한국 호감도가 조금 더 높았다가 2017-2019년에 한국인의 일본인식이 조금 좋아지고 있는 상황이었습니다. 이 자료가 5월까지였는데, 지난 7월 이후에 한일관계가 경색된 이후 올해 조사에서는 한국인의 (일본인에 대한) 호감도가 12.3%로 뚝 떨어진 반면, 흥미롭게도 일본에서는 한국의 호감도가 올라가는 것을 확인했습니다.

좋은 인상을 가지고 있는 이유를 봤을 때, 일본에서는 문화적인 영향력을 가장 많이 꼽았고 한국에서는 선진국이나, 일본의 국민성을 언급하는 게 가장 많았습니다만, 올해 증가한 것은 일본 제품의 품질과 매력적인 식문화를 꼽고 있습니다.

좋지 않은 인상에 대해서는 역시 역사 문제에 대해서 언급하고 있고, 독도 문제, 역사반성 문제 등을 언급하고 있습니다. 일본에서는 한국에 대해서 좋지 않은 인상을 가지고 있는 이유를 한국이 역사 문제로 일본을 비판하고 있다는 점을 꼽았습니다.

이런 전반적인 위치 속에서 MZ세대의 일본인식이 어떠한지 살펴보면 다음과 같습니다. 선으로 나타나는 게 평균 수치인데요. 초록색이 20대, 파란색이 30대가 되겠습니다. 일본에 대한 긍정적인 인상을 봤을 때, 확실히 20대의 경우에는 호감도가 평균보다 상당히 높게 나타나는 것으로 확인됐습니다. 30대도 평균보다 다소 상회했습니다만, 올해에는 평균보다 낮게 나타났습니다. 이는

MZ세대 내에서도 20대와 30대 인식의 차이가 나타났다는 결과입니다.

또 다른 사례로, 일본의 정치사회 운영 방식에 대해서 물어봤을 때, 일반적으로 가장 많이 나오는 답이 바로 '군국주의'입니다. 일본이라고 하는 나라에 대해서 어떻게 생각하느냐를 물어봤을 때, 여러 가지 다양한 선택지가 있었는데 그 중에서도 한국에서는 일본을 군국주의라고 인식하는 응답이 가장 많았고, 일본에서는 (한국을) 민족주의로 평가하는 응답이 가장 많았습니다.

2019년 자료를 보면 20대의 경우에는 군국주의로 응답하는 비율이 낮았습니다. 오히려 국가주의라고 인식하는 부분이 있었습니다. 과연 일본을 군국주의라고 인식하는 것이 맞는가라고 하는 질문을 던졌을 때 확실히 한국인의 일본관에는 1945년 이전의 이미지가 꽹장히 강하게 남아있는 것이 아닌가라는 생각을 해보게 됩니다. 올해 한일관계가 꽹장히 악화되고 나서 같은 질문을 해보았을 때, 20대의 경우에도 마찬가지로 올해는 군국주의가 가장 높게 나타났습니다. 아무래도 일본에 대한 위험 인식이 강화되면 일본을 군국주의로 인식하는 경향이 높아지는 것 같습니다. 그럼에도 불구하고 평균보다는 20대에서 낮게 나타난 것을 확인할 수 있습니다.

일본을 왜 위협으로 인식하는가라는 부분을 좀 더 고민해 볼 필요가 있는데요, 이에 대해서는 역시 독도 문제, 우경화 문제, 군사대국을 지향하려고 하는 움직임이 있다는 응답이 많았습니다. 일본에 대한 위협 인식과 일본을 군국주의로 인식하는 것에 대해서는 아무래도 한국인의 일본관에 어느 정도 편견이 자리하고 있는 건 아닌지 생각해 볼 필요가 있다고 생각합니다.

다음에는 불매운동 지지 여부에 대해서도 조사를 했는데요, 이는 2019년 10월에 조사한 결과입니다. 역시 모든 연령대에서 불매운동을 지지한다고 답을 했습니다만, 그래도 평균보다는 20대에서 지지율이 조금 낮게 나타나기는 했습니다. 제가 또 주목하고 싶었던 것은 불매운동을 지지하는 이유인데요, 불매운동을 지지하는 이유로는 '한국인으로서 참여해야 한다고 생각하기 때문에' 혹은 '일본에 대한 반감 때문에'라는 이유도 있지만 더 높았던 것은 '일본의 수출규제 조치가 부당하기 때문에'라는 이유입니다. 불매운동을 지지하지 않는 이유에 대해서도 '불매운동이 정당하다고 생각하지 않기 때문에'라고 하는 부분이 어느 정도 차지하고 있다는 것을 확인할 수 있습니다. 불매운동을 지지하는 이유도, 지지하지 않는 이유에도 '정당'이라는 가치관이 중요하게 작동하고 있음을 확인할 수 있습니다. '한일관계가 개선되어야 하는가?'라는 문제에 대해서는 경제적 타격과 민간 교류 때문에 개선노력이 필요하다는 답변을 확인할 수 있습니다.

또 한 가지 중요한 것은 역사 문제와 다른 현안들에 관한 문제는 어떻게 해결해야 하느냐라는 질문인데요. 전체 응답의 60%가 역사 문제를 다른 문제들과 연계해서 동시 해결을 모색하는 게 낫겠다라는 답변이 있고, 특히 20대에서는 66.5%가 역사 문제와 다른 것들을 연계해서 해결할 필요가 있다는 인식을 갖고 있다는 것이 주목할 점입니다.

이러한 MZ세대 일본인식에서 나타나는 특징에 대해서 다양하게 해석할 수 있겠는데요. 저는 크게 세 가지로 보고 있습니다.

첫 번째로는 '나' 중심적인 대외관과 민족주의의 상호작용입니다. '나'라는 자기중심적 사고에 기반하여 타자를 바라보는 MZ세대는 일본을 바라보는 인식을 재구성하고 있는 것 같습니다. '나'를 중심으로 한국을 인식하고, 일본과의 관계를 설정하고, 역사를 자기중심적으로 바라보고 재구성하고 있는 것은 아닌지 생각해 봅니다. 2019년 이전까지는 20대의 경우 특히 다른 세대보다 다소 우호적인 일본관을 나타내고 있었고 개인으로서는 내가 직접 경험하는 일본은 생각보다 친절하고 상냥하고 즐겁고 자유롭게 선택하면서 '다만추'를 누릴 수 있는 공간이라고 할 수 있겠습니다. SNS를 중심으로 불매운동이 일어났을 때는 적극적으로 참여하면서 '나는 더 이상 일본을 소비하지 않겠다'라고 하는 것들이 실현된 것이라고 할 수 있겠습니다. 한 가지 문제는 '여행가고 싶은 나라'라는 일본관과 역사문제 미해결로 인한 반일감정 사이의 인식의 괴리가 과제로 남겨져있다고 할 수 있겠습니다.

두 번째로는 일본이 소비의 대상으로 인식되고 있는 부분인데요. 그래서 불매운동 같은 경우 결국은 소비를 안 하겠다고 선택하는 경향을 따르고 있다고 볼 수 있겠습니다.

세 번째로는 공정과 정당을 굉장히 중시한다는 것인데요. 아베 총리와 다른 일본인을 분리하려는 움직임이 있었고, 아베 총리의 조치가 부당했다 혹은 공정하지 않았다라고 보고 반일본이 아니라 반아베라고 하는 움직임이 있기도 했고, 국민이 아닌 소비자 개인의 권리로써 보이콧을 선택하는 부분, 그리고 보이콧이 일본인 혐오로 치닫지 않도록 해야 된다라고 하는 그런 움직임이 다양한 일본관을 반영하고 있지 않나 생각을 합니다.

결론적으로 MZ세대의 일본관을 조사해봤을 때 역시 '나' 중심적인 대외관, '소비'하는 일본, 반일보다는 '공정'이라는 키워드에서 보면 이전 세대와는 조금 다른 일본관이 형성되고 자리 잡기 시작한 것은 아닌지 생각해보게 됩니다. 일본과의 관계를 양자관계에서만이 아니라 미국을 포함한 3자 관계나 더 넓게는 국제관계의 맥락에서 일본을 인식하고 있고, 이러한 변화가 앞으로 조금 더 달라지는 한일관계를 만들어 갈 수 있는 부분이 있지 않을까 생각합니다. 또한 한국과 일본이 서로 "너가 나를 싫어 하니까 나도 너를 싫어할 수밖에 없다"는 상호작용을 확인할 수 있는데요, 이러한 '상호혐오의 악순환'을 어떻게 넘어설 수 있을까를 앞으로 계속 고민해 보고 싶습니다. 이상입니다.

남기정 : 감사합니다. 주로 한일관계에 관한 젊은 사람들의 시선을 소개해 주셨어요. 그래서 조금 후에 자유토론에 들어가서는 본인의 생각을 전개해주실 거라고 생각을 하고요. 기억에 남는 것은 '다만추' 이런 게 기억에 남네요. 그리고 소비하는 일본, 그러니까 정당하지 못하다고 하여 문제를 제기하긴 하지만 분노하지는 않는 모습이

보이는 것 같다는 말씀을 해주신 것 같고요. 공정이라고 하는 것으로 일본을 바라보고 있다, 이런 것도 굉장히 큰 특징인 것 같습니다. 이런 주제어들을 던져 주셨는데, 후에 다시 정리를 하도록 하겠고요. 이제 손석의 박사님 얘기를 전개해주시죠.

# 아베-스가 정권 이행과 한일관계

과거 역사 문제가 걸림돌이 되었을 때, 현 실주의자들이 투트랙 접근을 주장했는데 최소한 경제 안보 문제와 과거사 문제를 분 리하는 투트랙의 접근이 부활했으면 좋겠 다는 생각을 하고 있습니다.

# 아베-스가 정권 이행과 한일관계

*손석의*
*(서울대학교 일본연구소 HK연구교수)*

**손석의 :** 안녕하세요. 서울대학교 일본연구소 손석의라고 합니다. 저는 질문에 충실하게 제 생각을 정리해 왔는데요. 제가 일단 이런 자리가 처음이라 부족한 점이 있을 수 있습니다만 잘 부탁드리겠습니다.

첫 번째 질문은 아베 시대에 대한 평가와 관련된 부분인데요. 저는 대외정책과 국내 정치 이 두 가지 측면에서 생각을 해보았습니다. 우선 대외정책은 한마디로 말하면 다자협력이 사라지고 미일동맹의 재등장과 강화의 시기, 그리고 자주국방에 대한 노력을 모색한 시기였다고 정리를 하였습니다. 아베가 자민당 총재로 재등장하였던 시기를 생각해 보면 민주당에서 정권을 다시 빼앗아 오는 시기였는데요. 이때는 중일관계가 많이 악화된 상황에서 또한 미국과의 관계에 있어서도 일본은 아주 어려운 상황에 놓여있었습니다. 이러한 시기에 아베가 다시 등장하였는데요. 2012년 이후의 일본 대외정책은 미일동맹의 강화를 계속해서 주장해왔습니다. 그래서 자민당은 아시아경시주의라는 비판을 받지만 어떻게 보면 민주당이 실패한 부분을 벗어나려는 시도가 아니었을까라고도 해석이 가능할 것 같습니다. 특히 중국을 견제하는 트럼프 행정부가 들어오고 나서는 일본도 정부 레벨에서 다자협력이 어려운 시기가 왔기 때문에 앞으로 미중관계가 어떻게 펼쳐질지는 모르겠습니다만 일본 자민당 정권은 미일 중심으로 변함없이 가지 않을까라고 생각합니다.

아베 시대의 일본은 미일동맹 중심으로 지역을 이끌어 나가기 위한 준비를 하는 단계가 아니었을까라는 생각을 해봅니다. 아베가 주도한 일본의 방위능력 강화·집단적 자위권 헌법해석 변경 등 이러한 경향은 한국의 입장에서는 아베 때문에 갑자기 일어난 것이라고 하기 쉽지만 사실 아베 정권 전부터 계속 진행되어온 일본의 자율성 확대·보통국가화의 맥락에서 보았을 때 필연적이

다. 괜히 본인이 손을 들었다가 본인이 소속한 파벌에 해가 될 수 있다는 생각으로 주 파벌들이 대거 스가를 지지했던 것 같고요. 그러나 이는 자민당의 생각이고 스가 총리는 아마 생각이 다를 것 같아요. 스가 총리는 권력 유지를 위해서 많은 노력을 할 것으로 보입니다.

스가는 아베 정권 8년을 걸쳐서 관방장관으로 지낸 인물이기 때문에 자민당 내부뿐만 아니라 관료, 언론 및 이익단체 등 권력 유지의 핵심이 되는 요소들에 대해서 숙지하고 있는 사람입니다. 그래서 우리가 생각하는 것보다는 오래 안전하게 정권을 이끌어나갈 수 있다는 예측을 해보는데요, 물론 이것은 모두 총선에 달려있습니다. 스가가 얼마나 의석을 확보할 수 있느냐가 제일 중요한 요소가 되는데, 스가 내각이 어떤 방향으로 갈 것인가 생각해 보면, 자민당 내에서 스가가 어떤 사람들한테 지지를 받고 있는지를 봐야 된다고 생각합니다. 일단 두 가지로 나눌 수가 있습니다. 첫 번째는 소위 스가 그룹이라고 불리는 30명 규모 무파벌 의원들입니다. 특히 젊은 비세습 정치인들이 30명 정도 되는데 대부분 스가를 지지합니다. 두 번째, 스가의 지지 기반인 자민당 내 존재하는 범파벌적 이념 그룹입니다. 이런 이념 그룹이라는 것이 정책연구라는 명목으로 존재하는데 특히 스가는 우파 이념 그룹인 '창생 일본' 부회장으로 있고, 아베 총리를 지지하는 정책을 자문하는 '기사라기회'라는 모임에도 고문으로 있습니다. 파벌의 방패가 약한 스가이기 때문에 스가 총리 입장에서는 이 두 가지 지지 기반인, 무파벌 그룹과 이념 그룹을 무시할 수 없는 입장입니다. 따라서 정책적 측면에서도 이러한 사정이 반영될 것으로 생각됩니다. 특히 연립여당인 공명당과의 관계에 있어서는 아베 총리보다 훨씬 가깝고 우호적이기 때문에 공명당의 지지를 받는 데 큰 문제가 없을 것으로 보이고요. 제3의 세력으로 자리매김한 유신회와도 긴밀한 관계에 있습니다. 그래서 만약에 총선에서 좋은 성적을 내지 못하더라도 이러한 당내외 세력들과의 관계를 심화시키면서 어떻게든 자리를 지키려고 하지 않을까라는 생각을 하고 있습니다.

그리고 세 번째 질문으로 미국 대선과 한반도-일본 관계에 대한 질문을 받았는데요. 사실 이 분야에 대해서는 공부가 부족해서 아주 얕은 지식을 바탕으로 말씀드리겠습니다. 자민당 정권은 백악관 주인이 누구든 미국과의 협력을 최우선으로 생각하는 정권입니다. 그래서 바이든 차기 대통령과의 관계도 계속해서 좋을 것이라는 생각을 아마 모두들 하실 것 같은데요. 바이든 행정부의 방향에 대해서는 아직은 파악하기 어렵지만, 트럼프 행정부와 비교를 하면 어느 정도 일본도 자유로워지지 않을까 (생각합니다). 왜냐하면 트럼프 행정부가 중국을 너무 견제했기 때문에 일본도 입지가 매우 좁았었는데, 그것과 비교하면 일본도 자유롭게 대외정책을 구성하지 않을까라는 생각이 듭니다. 이러한 맥락에서 일본은 미국의 신뢰를 얻은 국가라고 생각해요. 한국에 대해서도 물론 바이든 정권이 관여(engagement) 전략을 취하면서 관계 개선을 할 것으로 보이지만 한반도 평화 프로세스에 있어서는 예측이 어렵다고 생각합니다. 바이든은 북한을 강하게 비판한 적도 있고 북한에 비핵화를 강하게 요구할 것으로 예상되는데요. 여기서 문재인 정부와 바이든 정부 간에 마찰이 생길 수밖에 없고, 또 중요한 변수는 김정은 위원장이 여기서 어떻게 나오느냐는 건데 이것은 아무도 모른다는 점에서 예측 불가인 것 같습니다.

일본 입장에서는 북한과의 긴밀한 관계를 연출해온 트럼프보다는 바이든 행정부가 취할 것으로 보이는 압박정책, 대북 제재에 힘을 실어 줄 것으로 보입니다. 이것이 일본 보수주의의 선호 방향이기 때문인데요. 이 사이에서 문재인 정부는 중개자 역할을 하겠지만 북한의 선택에 많은 것이 달려있다는 면에서는 역할이 한정적이지 않을까 생각합니다. 문재인 정부 입장에서는 그래도 남북관계에서의 사명을 포기할 수 없기 때문에 바이든 정부에 대해 나서겠으나, 일본이 얼마나 도움을 줄지에 대해서는 의문입니다. 오히려 약간 미국을 일본 편으로 만들기 위해 많은 시도를 할 것이라 보입니다.

최근 한일관계에 대한 논문을 보면, 과거 한국과 일본은 북한과 중국이라는 이 지역에 존재하는 위험 요소에 대해서 위협 인식을 같이 했지만, 이 대외정책을 결정짓는 위협 인식이라는 면에서 한일 양국의 인식이 갈라지고 있다는 해석이 많이 나옵니다. 예전에는 한국의 정권에 따라서 북한에 대한 인식이 갈라졌으나, 중국에 관한 인식마저 크게 엇갈린 적은 없었다는 주장입니다. 쉽게 말해서 일본은 일본이 중심에 서는 지역 질서를 선호하지만, 한국은 중국이 이끄는 질서에 대한 거부감이 없다는 해석입니다. 일본이 한국의 태도 변화를 인식하고 있고, 그래서 경계심을 갖고 있는 거라는 해석이 많이 나옵니다. 그래도 문재인 정부가 스가 정부에 접촉을 해보고, 대화를 하려는 모습을 보이고 있다는 점에서 저는 한일관계가 지금보다 악화되지 않을 거라는 희망을 가지고 있습니다. 물론 모르는 일이지만요.

그래도 바이든 행정부 하에서는 한일관계가 호전될 것이라 예상하고 있고, 특히 무역 체제에 있어서 협력이 살아나고 있습니다. RCEP, TPP 등을 통해서 균형 전략을 내세우고 있고, 여기서 한국과 일본뿐만 아니라 많은 국가들도 참여하고 있습니다. 이러한 프레임에서 다시 한번 한일관계를 재건축할 수 있지 않을까 하고, 희망적 예측이나 과거 역사 문제가 걸림돌이 되었을 때, 현실주의자들이 투트랙 접근을 주장했는데 최소한 경제 안보 문제와 과거사 문제를 분리하는 투트랙의 접근이 부활했으면 좋겠다는 생각을 하고 있습니다.

그리고 한일관계의 미래 구상에 대해서 질문을 주셨는데요. 어떻게 해결할 것인지, 한일관계 미래를 구상해 달라는 아주 어려운 질문을 주셨습니다. 제가 공부한 이론 중에 상대방의 선호 변화를 이끌어 내려면 우리가 상대방에게 새로운 정보나 경험을 제공해야 하고, 이 새로운 정보를 상대방이 인식하면서 선호 변환이 일어난다는 이론이 있습니다. 바꿔 말하면, 똑같은 생각, 행동을 계속하면 아무 변화가 없고, 상대의 선호에 변화가 있을 경우 그 원인은 어디선가 제공된 것이라는 의미입니다. 이 지적은 한국과 일본 모두에게 해당된다고 생각합니다.

솔직히 말씀드리자면 지난 몇 년간을 보면 한국 측이 일본에 더 많은 새로운 경험을 제공한 것 같습니다. 현 정부 출범 후 위안부 합의 재검토가 먼저 불씨가 되었고, 강제징용 판결 등의 문제가 폭발적으로 늘어난 계기가 되었습니다. 이 두 가지 현안에 대해 개인적인 제 의견을 말씀드리는 것은 아닙니다. 다만, 이러한 문제들이 부각된 점을 살펴보면 위안부 합의 파기나 강제징용을 둘러싼 대법원 판결은 한국이 그때까지 취하지 않았던 행위였다는 것 같습니다. 이 행위로 인해 일본의 선호가 변경된 것은 아닐까, 그 결과가 외교청서에서 일본이 '한국이 가치를 공유하는 나라'라는 표현 삭제에 이르렀고, 수출 규제까지 연결된 것이 아닐까, 조심스럽게 생각해 봅니다. 이런 일본의 행위에 대해서, 물론 잘한 것도 아니고, 도덕적으로 많은 문제가 있지만, 일단 대외정책에 대해서는 최근 몇 년 간만을 봤을 때, 한국이 제공한 원인이 있었던 것 같습니다.

제가 한일관계에 있어서 제일 우려스럽다고 여기는 부분은 이러한 일본의 행위들이 일본의 보수시민사회 뿐만 아니라 학계에서도 공감을 많이 얻고 있다는 것입니다. 분위기가 기울어져 있다는 것을 논문을 보면서 느끼고 있습니다. 최근에 발표된 국제 학술 논문에서 일본의 한국에 대한 입장을 해석한 논문들이 꽤 많이 발표되었지만, 학술적으로 한국의 행위를 해석하는 논문은 아주 찾기가 어렵습니다. 왜 그런지 생각해 봤는데, 국제 학술지, 영문저널의 성격상 한국의 대일정책이라고 하는 대외정책이 국제관계보다는 국내정책에 근거한 행위라서가 아닐까라고 조심스럽게 생각합니다. 큰 대일정책이 따로 있는 게 아니고, 국내 정치 때문에 사태가 많이 복잡해진 것이기 때문에, 국제적인 아카데미아의 무대에서 접근하기 어려운 부분이 있는 것 같습니다. 지금의 교착 상태가 호전되기 위해서 저는 기본적인 입장이지만, 한일 모두가 전략적 입지에 복귀하는 것이 중요하다는 생각이 듭니다.

최근 웨비나에서 유명하신 제니퍼 린드 교수의 강의를 들었는데, 린드 교수님이, 농담 삼아, 한국과 일본의 관계가 좋아지면 그것도 우려스럽다고 말씀하셨어요. 한일이 안보 분야에서 협력할 정도면, 동아시아 전체가 정말 안 좋은 상황이라는 것을 의미하니까라고 했습니다. (웃음) 많은 시사점을 주는 발언이라 생각했습니다. 동북아시아는 물리적으로 갈등이 없어도 항상 갈등 상황에 있고, 남북관계가 조금 좋아졌지만, 그것도 예측을 못하는 부분이 많습니다. 바이든 정부가 들어서면 그 예측 불가능성이 더 확대될 것으로 보이기 때문에, 우리가 조심스럽게 접근해야 된다는 생각이 듭니다. 북한뿐 아니라, 더 큰 문제는 중국이라 생각이 드는데요. 어쨌든 긴장관계가 지속되기 때문에, 다자간 협력에 참여하는 국가들이 사이가 좋아서가 아니라, 미중 갈등에 휩싸이지 않으려는 위기관리 차원에서 나오는 체제이기 때문에 이 과정에서 한일 갈등이 절대 걸림돌이 되면 안 된다고 생각합니다. 한국은 많은 것을 이루어냈으나, 영원히 작은 나라이고, 일본도 마찬가지입니다. 오히려 일본은 미국에 거의 절대적 신뢰를 얻고 있기 때문에, 한국은 그렇지 못한 상황에서 어떻게 할 것인가, 이 작은 나라가 어떻게 할 것인가라는 걱정이 많이 됩니다. (웃음) 일본, 중국, 미국, 이 세 나라에서 하나를 선택하는 전략보다는 모두가 잘 되는 게 중요하단 생각이 들고, 그게 어렵다면 최소한 적을 만들어서는 안 된다고 생각합니다. 결과적으로는 한일관계가 잘 됐으면 좋겠습니다. 이상입니다.

# 종합토론

남기정 : 기획한 사람으로서 여기까지만 봐도 충분히 좌담회
가 성공할 수 있으리란 생각이 듭니다. 평소 회의하면서
보면 생글생글 웃으면서 조곤조곤 할 말 다하는 게 인상
적인 손석의 박사님, 얘기하지 않겠다는 것으로 의견을
말해주는 어법으로 의견을 충분히 전달한 것 같습니다.
담아 들어야 할 이야기가 굉장히 많고 정리할 것도 많은
데, 제가 여기서 섣불리 요약하면 권위로 재단해버리는
것 같으니까 그만두겠고요, 오승희 박사의 이야기를 더
들어보면 좋겠습니다. 발표에서는 설문조사와 관련한
전체적인 이야기를 소개해 줬는데 이제 이에 대해 코멘
트를 하면서 본인의 의견을 제시하면 좋겠습니다.

오승희 : 저는 외교정책과 중일관계를 중심으로 일본을 바라
보고 있습니다. 여기 계신 전문가 선생님들 앞에서 말씀

드리는 게 어렵지만, 사회자께서 주신 질문에 대해 조심스럽게 제 생각을 말씀드리고자 합니다.

첫 번째로 아베의 시대를 어떻게 평가할 것인가. 아베 정권의 공이 있다면, 일본 국민으로 하여금 다시 '강한 일본'으로 복귀할 수 있을지도 모른다는 희망을 줬다는 점이 크지 않을까라고 개인적으로 생각했습니다. 아베 정치에 대해 긍정적인 평가, 부정적인 평가가 있습니다만, 어느 정도 '잃어버린 20년'에서 벗어날 수 있을지도 모른다는 재기의 희망을 주는 개인적인 카리스마가 굉장히 중요하지 않았나, 그렇기 때문에 최장수 총리로서 사랑을 받을 수 있었을 것이라 생각합니다. '벚꽃 스캔들' 등 의혹들이 지속되면서 더 부정적인 이미지가 강해지기 전에 내려온 것은 아닐까 하고 생각하고 있습니다. 도쿄올림픽에 거는 희망이 워낙 컸고, 저에게도 '아베 마리오'의 연출 장면이 아직도 강하게 남아있는데요, 부흥과 재기의 희망을 제시하려고 했던 부분이 아베 개인에 대한 기대감으로 작용하지 않았나 싶습니다. 아베, 시진핑, 트럼프 등 지도자의 카리스마가 통용되는 시대에 미일관계를 돈독히 만든 것도 아베의 공이지 않을까 합니다.

과와 관련해서는, 아무래도 부정부패에서 자유롭지 못

했다는 점, 도덕적인 부분에서 여러 가지 과오가 있었다고 생각합니다만, 이는 일본 정치사에서 평가할 것이라고 생각합니다. 또한 한국을 중요하게 생각하지 않았다는 점, 미국과 중국과의 관계는 중요시 여기는 반면, 한국과의 관계는 경시했고, 이것이 작년 한일관계 악화로 나타난 것이 아닌가, 그리고 한일 화해의 가능성, 역사문제 해결의 가능성 낮아진 것이 아닌가 하는 부분에서 과가 있다고 생각합니다.

두 번째 질문은 스가 내각의 전망에 관한 것이었는데요, 이미 한차례 연기된 도쿄올림픽을 어떻게 성공적으로 개최(또는 취소)하는지가 가장 큰 과제가 아닐까 싶습니다. 특히 IOC와 어떻게 협력을 해나갈 것인가인데요. IOC 바흐 위원장도 내년 8월이 임기 마지막이라고 하고, 스가 총리의 임기도 9월이 마지막이라서 7월 열리는 도쿄올림픽이 굉장히 중요하다고 할 수 있습니다. 코로나19에 대응하면서 도쿄올림픽을 어떻게 실현시켜 나가는지, 이 문제를 어떻게 관리해나갈 것인지가 관건입니다. 다음으로 미일관계 관련해서는 스가 정권에서도 미일동맹을 강화할 것이고, 인도-태평양 전략을 강화해나갈 것이라고 예상합니다. 일본의 경우 미일관계가 강화될수록 국내적인 정당성, 지지율 등을 확보할 수 있기 때문에, 지지 기반이 약한 스가로서는 미일관계를 강화하여 국내적인 정당성을 확보하려고 하지 않을까하고 생각해 봤습니다.

중일관계와 관련해서는 사실 올해 초에 시진핑이 일본을 방문할 계획이었고 벚꽃이 필 즈음에 일본을 방문한다고 굉장히 기대를 했습니다만, 코로나로 인해 중단이 된 바 있습니다. 한국도 방문할 예정이라고 하니 한중관계가 어떻게 될 것인가를 살펴보되, RCEP에도 참여했기 때문에 일본이 RCEP과 CPTPP 사이에서 어떤 역할을 할 것인가를 봐야 할 필요가 있습니다.

다음으로 한일관계와 관련해서는 최근 한일의원연맹이나 민간교류를 적극적으로 활용하려는 기조가 나타나고 있는데요, 한국 드라마 '사랑의 불시착'도 일본 내에서 많은 인기를 끌었다고 알려져 있는데, 도쿄올림픽을 비롯하여 민간교류와 문화교류로 한일관계 개선의 기회를 만들고, 향후 북한 문제를 일본과 연계해서 접근할 가능성도 있다고 봅니다. 만약 스가 개인이 아베와 다르다는 점을 부각하고자 한다면, 분명 한일관계가 아베와 차별성을 나타낼 수 있는 가장 효과적인 카드가 아닐까 생각합니다.

북일관계에서는 한국도 일본도 북한을 가장 큰 위협으

로 받아들이는 부분이 있는데요, 아무래도 북한의 '일본인 납치' 문제를 어떻게 해결할 것인가에 있어서, 스가뿐만이 아니라 일본이 역사적으로 갖고 있는 문제이기 때문에, 일본인 납치자 문제를 어떻게 해결할 것인가라는 문제는 계속 중요시할 것이라고 생각합니다.

세 번째 질문인 미국 대선과 한반도, 일본관계의 과제에 대해서 말씀드리겠습니다. 이번 미국 대선은 반트럼프적인 선거였다고 할 수 있습니다. 트럼프 대 바이든이라기보다는 트럼프 대 반트럼프가 아니었나 하는 평가가 나오고 있습니다. 반백인주의, 반인종차별의 과제를 미국 시민들이 공감하지 않았나 싶고, 일방주의, 민주주의의 후퇴를 이제는 막아보자라고 하는 부분이 작동하지 않았나라는 점에서 민주주의가 매우 중요한 과제가 될 것이라고 생각합니다. 미국 자체도 미국 민주주의를 어떻게 회복할 것인가를 중요하게 여기고, 한국과 일본도 민주주의라고 하는 가치를 굉장히 중요하게 여기는 나라들인데, 문제는 이 민주주의가 인도-태평양에서 어떻게 연계될지라는 부분과 한미일이 생각하는 민주주의가 또 같지 않다는 점도 생각해 볼 수 있습니다. 이 민주주의라는 가치를 한미일이 어떻게 연계해서 정립해 나갈 것인가라는 부분을 주목할 필요가 있다고 생각합니다.

앞으로 포스트 아베, 포스트 트럼프 시대가 될 것입니다. 이러한 시대에서 새로운 미일관계를 만들어가야 될 텐데요, 바이든 당선인도 미국에게 "한국은 린치핀(linchpin)", "일본은 코너스톤(cornerstone)"이라는 표현을 사용했다고 하고, 스가-바이든 전화통화에서 스가 총리가 미일안보조약을 언급하면서 센카쿠 문제를 언급하였다고 합니다. 앞서 손석의 박사가 한국과 일본이 협력하는 상황은 국제정세에서 두려운 상황일 것이라는 제니퍼 린드의 말을 언급하셨는데, 상당히 의미심장한 얘기라고 생각합니다. 왜 협력을 하게 되는가에 대한 갈등의 측면을 생각해 보게 되고, 중일 간의 갈등관계가 지속적으로 발생했을 때, 한일동맹과 미일동맹이 어떻게 작동할 것인가가 중요하다고 생각합니다.

한일관계에 대한 미국의 역할에 대해서도 여러 가지 생각을 하고 있는데요. 작년의 한일 간의 갈등을 바라보는 시각도 여러 가지 있을 수 있습니다만, 어떻게 보면 미국이 중국에 대해 취한 조치를 일본이 한국에게 적용한 것은 아닐까 하는 생각도 했었습니다. 미국의 외교정책이나 변화를 일본이 한국에 적용하는 부분이 역사적으로도 현재에도 유사하게 나타나는 부분이 있습니다. 미중 무역 갈등이 한일 무역 갈등으로 영향을 미친 것이 아닐까 하는 생각을 개인적으로 갖고 있었는데, 이러한 유사점 같은 것들을 보면, 미국의 외교정책이 일본의 외교정책에도, 한일관계에 있어서도 매우 중요하겠다고 생각합니다.

그리고 한일관계의 미래 구상에 관한 부분은 앞서 손석의 박사께서 투트랙을 다시 얘기할 수 있겠다고 하셨는데, 이 부분에 대해서 제가 고민이 굉장히 많습니다. 아까 발표 자료에서도 역사 문제랑 다른 현황들을 연계해야 하는가 말아야 하는가에 관한 부분이 있었는데요, 많은 전문가분들께서는 아무래도 투트랙으로 관리를 하는 것이 낫다고 생각을 하시는 것 같습니다. 다만, 아무리 관계가 호전이 돼도 역사 문제로 다시 단절되고 마는 부분에 있어서는 역사 문제 해결 없이 진정한 한일관계 개선이 가능한가라는 생각이 듭니다. 단기적인 차원에서는 분리적인 접근이 위험할 수는 있겠지만 결국에는 과거, 현재, 미래로 나눈다기보다는 역사문제를 어떻게 해결해 나갈 것인가를 계속 고민하고, 학생들이 교육을 통해서 역사를 배우고 있는 과정 속에서 여행하고 싶은 일본이라는 이 괴리를 어떻게 학교에서 가르칠 수 있을 것인지, 일본에 가고 싶고 일본문화를 좋아하지만 일본을 좋아하면 안 될 것 같은 인지 불일치를 어떻게 자기 정당

화해나갈지 고민해야 될 부분이 아닌가 싶습니다.

다음으로, 손석의 박사께서 한국에 대해 굉장히 국내적으로만 평가하는 부분이 있는 것 같다고 말씀해 주셨는데, 저도 동의를 하는 부분입니다. 지나친 자신감을 갖고 있는 것일 수도 있습니다만, 미국이나 중국이나 룰 세팅을 하고 일본도 외교정책에 있어 굉장히 전략적으로 비전과 전략, 구상 등을 제시해오고 있는데, 한국도 이제는 적극적으로 아이디어들을 제시할 때가 된 것은 아닐까 하고 생각합니다. 항상 주어진 협정에 대해 이건 너무 부당하다고만 보거나 반대만 하기보다는, 우리가 먼저 아이디어를 내서 한국이 원하는 내용을 규범과 조약 등으로 반영시킬 수 있는 조건을 제시해나갈 수 있는 역량을 발휘할 수 있기를 희망합니다. 역사 해결에 있어서도 우리가 화해를 모색할 수 있는 방법을 제시할 수 있는 능력을 키울 수 있으면 좋겠습니다. 특히 식민주의와 관련해서 일본에서는 항상 다른 강대국들도 식민주의를 해왔으며, 일본만 그랬던 것은 아니라는 주장이 있습니다. 이러한 주장에 어떻게 대응할 것인가에 대해서 생각했던 것은 사실 탈식민주의는 언젠가 인류사적인 차원에서 성찰하고 평가해야 하는 문제라는 점입니다. 노예제도도 그렇고, 인종차별도 그렇고 한때는 합법이

었지만 정당화될 수 없듯이, 식민지정책 역시 그때는 가능했다고 하더라도 언젠가는 잘못된 것이었다고 부당하다고 성찰하고 반성할 부분이라고 생각합니다. 한국이 아무래도 이 문제에 있어서는 국제 규범으로 안착시킬 자격이 있고 좀 더 능력을 키운다면 국제 규범화를 주도해 나갈 수 있지 않을까 생각합니다.

마지막으로 2021년에는 도쿄올림픽도 있지만 동일본대지진 10주년이 있기 때문에, 다양한 협력의 기회가 있을 것이라고 기대를 하고 있습니다. 사실은 그것을 기회로 살릴 것이냐 말 것이냐는 정치적인 결단과 의지의 문제이기 때문에 가능하다면 협력의 필요성과 의지를 확인하고 기회를 살려서 한일 간 소통을 해나갈 수 있으면 좋겠습니다.

남기정 : 네, 감사합니다. 일본 문제와 관련해서 한국의 여론이나 감정이 굉장히 나쁘다는 것을 다시 한번 느꼈습니다. 굉장히 여러 가지 주제를 던지면서 의견을 펼쳐주셨는데, 꼭 의견을 듣고 싶은 부분은 "주목해야 한다"라고 답하면서 대답을 피하셔서...(웃음) 예컨대 중일관계는 오승희 박사의 전공일 텐데, 그 부분은 살짝 넘어갔어요. 한일관계 구상에 있어서도 뭔가 의견이 있을 것 같

은데 그것도 상당히 신중하게 표현을 해주셨습니다.

제가 세 가지 문제로 줄여볼게요. 하나는 제가 최근에 본 일본의 여러 여론조사 가운데, 아베 내각에 대한 지지와 비판, 즉 아베 수상이 그만뒀을 때, 아쉽다 조금 더 해줬으면 좋았을 텐데라고 생각하는 사람과 그만두길 잘 했다고 생각하는 사람이 거의 반반이더라고요. 그런데 일본의 젊은 사람들에게서는 아쉽다는 평가가 조금 더 높아요. 젊은 사람들에게, 즉 20대 정도까지에게 아베 퇴진은 아쉬운 일이었습니다. 스가 내각에 있어서도 마찬가진데요, 오히려 젊은 사람들이 스가 내각을 더 많이 지지합니다. 일본의 이 젊은 사람들이 아베 내각에 대해 지지하고 스가 내각에 대해서도 지지를 표명하고 있는데, 이를 어떻게 봐야 할까. 그냥 단순히 보수 우경화라고 하는 용어로 치부해 버릴 수 있는 건가. 다른 요인이 있는 것인가. 여러분들이 주변에 젊은 사람들과 많은 대화를 할 텐데 그때마다 느끼는 것이 무엇인지 들을 수 있었으면 좋겠습니다.

두 번째는 중일관계와 관련한 것입니다. 현상적으로는 미중관계 속에서 미일관계와 한일관계가 대단히 중요한 테마일 것이고 이에 대한 관심이 큰데요, 요는 이겁니다. 미중 간에 갈등이나 대립이 있다고 한다면, 이른바 미국과 중국 사이에서, 한국과 일본이 앞으로 관계를 개선하는 방향으로 갈 것인가, 아니면 중국과 일본이 먼저 관계를 개선하면서 한국은 오히려 소외될 것인가의 문제인 것 같습니다. 제가 언뜻 보기에 스가 내각은 아베 내각보다도 중일관계에 대해서 상당한 관심을 가지고서 뭔가 열심히 해보려고 하는 모습이 보입니다. 물론 그와 동시에 한국과의 관계도 뭔가를 열심히 하려는 모습이 보이기도 합니다. 그런데 중일관계가 상당한 정도로 개선이 된다면, 어쩌면 한일관계의 중요도는 더 낮아질 수도 있을 것 같습니다. 이런 중일관계를 어떻게 평가할 것인가, 중일관계 속에서 우리가 어떤 태도를 취해야 할 것인가가 관건일 것 같습니다.

마지막으로 그런 중일관계를 전제할 때 다시 한일관계로 돌아가서, 제가 단도직입적으로 여쭈어보겠습니다. 지금도 여러 가지로 움직임이 보이는 것 같습니다만, 역시 역사 문제가 장애요인이 되고 있는데요. 그렇다면 이러한 역사 문제가 명료하게 해결되지 않은 상태라고 하더라도 한일관계를 개선하는 것을 받아들일 수 있으신가요? 그렇지 않다면 다른 의견이 있으신가요? 정리하자면, 지금의 여러 복잡한 상황 속에서 역사 문제에도 불구하고 한일관계를 어느 정도로 수습하는 것이 필요하

다고 생각하시는지, 아니면 지금까지 우리가 견지해왔
던 원칙이라고 하는 것을 끝까지 지키는 것이 필요하다
고 생각하시는지, 어느 쪽이신지 조금 생각을 정리해 주
시고, 한 번 용기를 내어서 말씀을 해주시면 감사하겠습
니다.

남기정 : 자, 잠시 생각을 정리할 시간을 드리면서, 세 가지
질문을 정리해보겠습니다. 첫 번째는 일본에서 아베 또
는 스가에 대한 젊은 층의 지지가 높다고 하는데, 이 사
실을 우리는 어떻게 해석해야 하는가. 혹시 이 첫 번째
질문이 좀 어렵게 느껴지신다면 주변의 동년배 일본 연
구자나 지인들과 이야기해 보았을 때 아베나 스가에 대
해 어떻게 평가를 하고 있는지 등을 소개해 주셔도 좋을
것 같습니다. 두 번째는 미중관계의 틀 속에서 중일관계
에 대한 전망을 해주시고, 세 번째로는 중일관계에 대한
전망 속에서 한일관계에 대한 의견을 제시해 주시기 바
랍니다. 지금 상태에서라도 수습을 하는 게 필요한 것인
지, 지금 상황에서 만일 한일관계 개선을 시도한다면 그
것을 감내할 수 있을지. 사실 더 이상 나빠질 게 없다고
까지 했던 한일관계가 계속 나빠지고 있는 상황입니다.
어쩌면 지금 약간의 개선 분위기가 있는 것이 오히려 더

큰 위기로 반전될 수도 있습니다. 풀릴 것처럼 느껴지다가 안 풀리게 되면 더 나빠질 수도 있기 때문입니다. 제가 개입을 하는 것은 이 정도로 하고, 이제부터는 이 문제들에 대한 생각을 정리해보면서 상호 간에 질의와 토론으로 진행을 하면 좋겠습니다.

손석의 : 저는 일본에서 오래 살았지만 일본인 친구가 별로 없어서 주변 사람들이 어떻게 생각하는지까지는 잘 모르겠습니다. 하지만 젊은 사람들이 자민당을 지지하는 이유에는 과거 집권했던 민주당에 대한 트라우마가 어느 정도 영향을 주고 있는 것 같습니다. 사실 일본의 젊은 사람들은 생활이 상당히 힘듭니다. 그러다 보니 변화를 두려워하고 있다는 느낌이 듭니다. 또 지금 일본에는 자민당에 대한 대안이 사실상 없고, 그 와중에 자민당에서도 아베만큼 자기 색깔을 가진 인사가 없기 때문에 그래서 사람들이 아베를 더 좋아하지 않았나 하는 생각이 듭니다. 젊은 층의 두려움, 사회적 불안감, 궁극적으로 변화를 싫어하는 심리가 작용하고 있지 않나 생각합니다.

남기정 : 한국에서 흔히 말하는 우경화 때문이라기보다는, 변화에 대한 두려움 때문이라고 보시는 것이군요?

손석의 : 우경화 여부는 조심스럽게 접근해야 할 것 같습니다. 명확히 우경화라고 할 수 있는 그런 개념적인 생각이 있다기보다는 막연하게 지금 자신이 처한 현실에 대한 일종의 보장이 필요하다는 그런 정도의 의식이 아닐까 싶습니다. 두 번째 질문인 중일관계의 전망에 대해서는 오승희 박사님께 전적으로 부탁을 드리고요, 세 번째 질문, 역사 문제에 대한 명료한 해결 없이 한일관계를 수습해도 되냐는 문제에 대해서는, 사실 저는 역사 문제는 해결이 안 될 것이라고 보고 있습니다.

남기정 : 제가 좀 짓궂은 질문을 드리자면, 역사 문제가 해결되느냐 안 되느냐의 문제가 아니라, 해결이 안 되었음에도, 즉 역사 문제에 관련해서는 한국도 원칙이 있고 일본도 원칙이 있는데, 지금 상황에서 관계 개선을 추구한다는 것은 어느 한쪽이 원칙을 살짝 내려놓는다는 의미일 텐데, 그렇다면 한국이 그 원칙을 살짝 내려놓는다는 것도 수용할 수 있느냐는 질문이었습니다.

손석의 : 저는 수용 가능하다고 생각합니다. 물론 일본이 주장하는, 일본의 과거사에 대한 인식은 정말 당혹스러운 부분이 있습니다. 그러나 우리는 이 문제에 전략적으로

접근해야 한다고 생각합니다. 어떻게 보면 한국은 미국과 중국이란 거대 국가들이 존재하는 이 지역에서는 약자입니다. 미국의 동맹국가라는 측면에서 일본과 비교하면 상대적으로 약자입니다. 한국이 많은 도움을 필요로 하는 처지인데, 지금 한국이나 한국인에 대한 일본의 인식이 너무 안 좋아지고 있다는 것에는 불안감을 느끼고 있습니다. 이대로 계속 가면 서로에 대한 인식이 계속 안 좋아지기만 할 것입니다. 그렇기에 물론 원칙을 세우는 것은 중요하지만, 어느 정도 타협도 필요하지 않을까 생각합니다. 역사 문제는 사실 해결이 어렵다는 것을 전제로 하고 그래도 협력할 수 있는 부분에서는 계속 협력을 할 수 있다고 생각합니다.

남기정 : 네 좋습니다. 다음으로 오승희 박사님 부탁드리겠습니다.

오승희 : 제가 한국 젊은 사람들이 일본을 어떻게 인식하고 있는지는 좀 살펴봤는데, 아직 일본의 젊은이들, 단카이 세대를 비롯한 다양한 세대의 일본인들이 한국인에 대해 어떻게 생각하고 있는지는 살펴보지 못해서, 이 부분도 앞으로 좀 더 깊이 살펴보고 싶습니다. 일단 한국인

들이 왜 현재의 일본이 군국주의를 향해 가고 있다고 보는 것인가라고 했을 때, 아무래도 1945년 이전의 이미지가 강하게 남아있기 때문인 것 같습니다. 이 부분에 있어서 한국 사람은 1945년 이후 일본의 행보에 대해서 너무 모르고, 일본 사람은 1945년 이전 한일관계에 대해서 너무 모르는 것이 아닌가라는 생각이 듭니다. 특히 젊은 사람들의 경우에는 1945년 이전의 역사적 사건들을 직접 경험한 세대가 아니기 때문에, 오직 교육 내용이나 이야기를 통해서 전달을 받을 뿐인데, 역사문제에 관한 한 일본인들이 1945년 이전의 한일관계에 대해서 좀 더 많이 알게 되면 좋지 않을까 하는 생각이 듭니다.

다시 첫 번째 질문으로 돌아가서, 젊은 층은 아무래도 스가 개인을 지지한다기보다는 아베 정권에 대한 아쉬움이 아직까지 많이 남아있는 것 같습니다. 아베 정권이 강한 일본으로의 복귀 가능성과 희망을 내세웠고 스가는 아무래도 아베와 함께 일을 했기 때문에 스가 내각의 정책에 대해서 희망을 가지고 있지 않나 싶기도 합니다. 또 하나는 역시 코로나 위기로 인해서 지금은 아무래도 안정적으로 가는 것이 중요하다고 생각하는 것 같습니다. 손석의 박사님 의견과 마찬가지로 저도 일본의 젊은 층이 변화보다는 안정을 선택하고 있는 것이 아닐까 생각이 듭니다. 다만 스가 내각이 코로나에 제대로 대처하지 못하는 모습을 보인다면 지지율은 또 달라질 수도 있을 것 같습니다. 현재 일본의 코로나 대응 방식은 미국과 비슷한 것 같습니다. 계속 감염자 숫자가 증가하고 있는데, 빨리 백신을 들여오면 어떻게든 해결될 수 있지 않을까라고 기대하는 부분이 비슷합니다. 앞으로 코로나19 상황에 어떻게 대응하느냐에 따라서 또 달라질 수 있을 것 같습니다.

두 번째 질문으로 넘어가서, 중일관계에 대한 전망에 관해서는 사실 중일관계 측면에서 아베 내각과 스가 내각이 얼마나 다른지는 아직까지는 판단하기 어렵습니다만, 그동안 아베와 스가는 함께 일을 하면서 중일관계에 굉장히 공을 들여왔습니다. 지난 2017년에는 중일국교 정상화 45주년, 2018년에는 중일평화우호조약 40주년을 대대적으로 선전하면서 중일관계가 새로운 시기를 맞이하였다고 이야기하는 등 적극적으로 관계 개선을 추진하고 있었고 그 연장선상에서 2020년 초에 시진핑 방일로 꽃을 피우려고 했었습니다. 그러나 코로나로 인해 차질이 빚어졌는데요, 중국에서 코로나 바이러스가 발생한 것을 두고 적극적으로 중국을 비난할 것이냐, 자제할 것이냐 하는 부분에서 약간 주춤했던 부분이 있습니다. 아무래도 한국과 마찬가지로 중국과의 관계가 악화될까 우려했고, 그동안 중일관계 개선에 공을 들여온 만큼 그 노력을 살려보려는 시도는 있었던 것 같습니다. 그런데 지금 코로나 문제뿐만 아니라 민주주의 가치와 배치되는 부분이 있는 홍콩 문제나 대만 문제도 있어서, 미국이 이러한 가치관 문제로 중국을 비판한다면 일본으로서도 쉽게 중국 편을 들기는 어려운 상황이 될 것 같습니다. '하나의 중국' 문제와 홍콩 문제에 대해서는 일본이 어쩌면 중일관계의 악화를 감수하면서 목소리를 낼 가능성도 있지 않을까 싶습니다. 분명 중국과의 관계 개선을 희망하고 있는 것은 맞지만, 변수가 있다는 것입니다.

남기정 : 그렇다면 그 부분에 한일관계를 개선할 공간이 있을까요? 세 번째 질문으로 이어지는데, 역사 문제에서 기존의 원칙을 약간 내려놓고서라도 한일관계를 개선하는 게 필요할까요?

오승희 : 저는 선불리 합의를 서두르다 보면 오히려 합의를 하지 않는 것만 못한 상황이 될 수 있다고 생각합니다. 사실 일본을 설득하는 것도 굉장히 중요하지만, 한국 내에서 어떤 합의를 도출하는 것이 어쩌면 더 어려울 수

있습니다. 우리가 일본을 상대로 이렇게 하면 역사 문제를 해결할 수 있다고 제시를 할 수 있으면 좋겠지만, 그렇다면 국내적으로 어느 정도 수준의 제안이라면 우리 모두가 수용할 수 있을 것인지, 이 부분에서 합의를 도출하는 게 굉장히 어려운 일입니다. 여러 행위자들이 있기 때문에 우리가 한일관계를 구축하는 데 있어서 조금 더 생각을 모으고 제시할 수 있으면 좋을 것 같습니다. 최근에는 문재인-스가 공동성명이 가능할 수도 있다 등등의 이야기가 조금씩 나오고 있기는 한데요, 사실 이러한 성명도 굉장히 애매모호한 부분이 많습니다. 가령 일본은 중국과 1970년대에 국교정상화를 했는데 그때에도 굉장히 애매한 외교적 표현들이 등장했습니다. 이를테면 "비정상적인 관계를 끝낸다"라든가, 이런 식으로 굉장히 모호한 부분들이 있었는데 이것이 일본 외교의 특징이라고 보기도 합니다. 한일관계에 있어서도 마찬가지였고, 앞으로도 그럴 텐데요, 이러한 애매모호한 외교적 전략에 대해 대응하는 것만이 아니라 오히려 한국도 활용할 수 있어야 한다고 생각합니다. 한일관계의 어려웠던 과거를 인정하고 여기서부터 문제를 풀어가려는 노력이 필요하다고 생각합니다. 한일관계를 어떠한 단어로 표현할지 한일 간 합의는 분명 쉽지 않을 것입니다. 가령 "이제까지 한일관계가 어려운 시기가 있었음을 인정하고"와 같은 표현을 생각해 볼 수 있겠는데요, 어려운 시기라는 것이 어떤 시기인지, 인정이라는 것은 대체 무엇을 인정한다는 것인지 모호하기는 합니다만, 과거에 대해 회피하지 않고 언급하면서 한국과 일본이 모두 수용할 수 있는 워딩을 도출해내는 작업이 필요합니다. 동시에 국내적으로도 받아들일 수 있도록 내부적 합의를 이룸으로써 한일 외교관계를 해결해 나가야 하지 않을까 생각합니다.

남기정 : 그러니까 지금 아마 한중일 3국 정상회담을 하기 위해서 일본에서는 빨리 해답을 가져오라고 하는데, 한중일 정상회담을 하기 위해서 설익은 해답이라도 가져가야 합니까? 아니면 가져가지 말고 한일정상회담을 안 한다 해야 합니까?

오승희 : 갖고 갈 수 있으면 너무 좋은데 프로세스가 중요할 것 같습니다. 국내적인 프로세스가.

남기정 : 국내적으로 합의할 수 없는 거라면 섣불리 해법을 가져가지 말아야 한다? 그것 때문에 일본의 스가 총리가

안 온다고 한다면 그건 할 수 없다? 네, 알겠습니다. 좀 두 분이 살짝 의견이 다른 것 같긴 한데, 그렇게 이해해도 될까요?

손석의 : 많이 다른 것 같습니다.

남기정 : 좋습니다. 다른 의견도 지지되어야 할 것 같고, 참 어려운 문제입니다. 이 문제는 정말로 골치 아프고 힘든 문제인 것 같은데, 일단 여기까지 하고요, 혹시 저희들한테 채팅창을 통해 질문 들어온 게 있습니까? 조금 소개해 주시겠습니까? (질문 적어서 드리겠습니다.) 그럼 적어서 주실 때까지 이 자리에 계신 분들 중 질문을 하실 분들은 간단하게 1분 정도로 질문을 요약해서 해주시면 좋겠습니다. 젊은 연구자면 더 좋고요. 젊은 학생도 좋습니다. 네, 이은경 선생님, 말씀해 주세요.

이은경 : 너무 재밌게 잘 들었습니다. 두 분 선생님의 말씀을 듣고 보니, 오늘의 기획이 매우 성공적이라고 생각됩니다. 두 분 말씀 중에 평소에 제가 궁금하게 생각했던 내용이 잠깐 언급되었기에, 그에 대해 여쭤보려 합니다. 남북관계에 있어서 일본의 역할에 관해서인데, 그에 관해 손

선생님과 오 선생님의 견해가 다른 것처럼 느껴졌습니다. 평소 저는 한국에서 일본에 대해 부정적인 이야기를 하는 것은 대부분 역사 문제 등 과거에 관한 것이거나 그로 인해 현재의 감정이 상한 것이지, 실제 현재의 일본이 한국에 실제로 큰 위협이 되기 때문이라고는 생각하지 않았습니다. 그런데 최근의 상황은 좀 다른 것 같습니다. 예를 들면, 얼마 전 남북한관계가 진전될 때, 일본이 남북관계 개선을 좋아하지 않으며 훼방 놓으려 한다는 식으로 대중뿐 아니라 미디어에서도 많이 언급했던 것으로 기억합니다. 실제로 일본의 아베 수상이 미국에 가서 부정적인 발언을 해서 훼방을 놓았다는 식으로 보도되기도 했습니다.

저의 개인적인 생각으로는 한국이 북한과의 관계를 개선하려면 일본을 이 무대로 잘 끌어들여서 일본의 협력을 얻는 쪽으로 이끌었어야 하는데, 오히려 일본을 자꾸 따돌리고 이를 즐기는 것 같습니다. 일본을 방문했던 트럼프 대통령이 아베 수상을 따돌린 채 한국에 와서 북한과 만났다고 통쾌하게 여기고, 북한 문제와 관련해서는 오로지 미국과 트럼프 대통령에게만 신경을 쓰면서 일본의 아베 수상을 약 올리거나 따돌리는 것처럼 보이는데, 이러한 한국 외교가 바람직한가 싶은 겁니다.

또 하나 손석의 선생님이 매우 조심스럽게 말씀하셨음에도 불구하고 일부 사람들이 동의하지 않거나 오해할 수도 있는 것은, 아까 말씀하신 한국의 동아시아에서의 위상, 동아시아뿐 아니라 세계적인 위상에 관해서입니다. 구한말 위정척사파와 개화파의 입장이 달랐던 것처럼, 같은 상황에서 같은 것을 보면서도 각자의 입장에 따라 판단이 갈라지는 듯합니다만... 최근 코로나 상황을 잘 대처하면서 국가적 자부심이 높아지고 한국인으로서 자신감도 강해지는 상황이기도 해서, 발표 중에 손 선생님께서 국제사회에서의 한국의 상황에 대해 염려하신 근거를 조금 더 구체적으로 제시해 주시지 않으면, 한국을 너무 과소평가한다면서 혹 '사대주의'라는 식으로 오해하는 분들이 계실 수 있을 것 같아서 노파심에 말씀드립니다.

박승현 : 안녕하세요. 오늘 발표 너무너무 재미있게 잘 들었습니다. 손석의 박사님과 같은 연구실을 쓰면서 이렇게 깊은 연구를 하고 계신지 미처 몰랐습니다. (웃음). 그리고 동아시아연구원의 여론조사는 저도 주의 깊게 봤고, 솔직히 올해 처음 알았는데요, 이런 다양한 항목 설문조사를 8년씩이나 계속 해왔다는 것에 놀라면서 자료

를 자세하게 봤던 기억이 납니다. 이제 질문을 간단하게 드리면요, 최근에 뉴스를 보면서 제가 굉장히 놀랐던 것이, 퇴임 후 아베 총리의 활동과 존재감을 총리 재등판의 분위기로 읽는 사람들이 일본 내에 있었더라고요. 이런 움직임을 어떻게 보시는지 궁금합니다.

남기정 : 시간이 별로 없어서, (플로어에 계신) 여러분들께서 아마 속으로 질문거리가 있으실지도 모르겠는데, 이 정도에서 마감해야 할 것 같습니다. 그리고 온라인으로 참가하고 계신 분들 중 두 분이 질문을 주셨고요, 시간이 없어서 더 이상 추가로 질문을 못 받지만, 굉장히 중요한 질문들입니다.

먼저 지금 이은경 선생님 말씀은 거의 코멘트에 가까운 거죠? 좀 긴 대답이 필요할 것 같고, 약간 좀 큰 질문이 될 것 같네요. 그래서 간단히 대답할 수 있는 질문을 지금 플로어에서 나온 것 하나, 채팅창에서 나온 것 하나, 그다음에 마지막으로 채팅창에서 나온 질문을 드리면서 이은경 선생님이 주신 코멘트에 대해서도 같이 대답을 해주시는 방향으로 했으면 좋겠습니다. 작은 질문 두 개는, (사실) 작은 질문은 아닌데요, 지금 아베 총리 재등판 논의가 나오고 있는 것 같은데 이를 어떻게 생각하고 있느냐는 것입니다. 다른 하나는 방사능 폐기물 문제입니다. 지금 (후쿠시마 원전 오염수 문제가) 한일관계 악화의 요인이 되고 있는데, 이 문제를 지금 한일관계 수준, 동아시아관계 수준, 국제적 수준에서 어떻게 봐야 하는가, 즉 세 가지 수준에서 결이 다른 문제라는 것을 암시하는 질문을 주셨어요. 이 두 개 질문에 대한 답을 해주시길 바랍니다. 그리고 마지막으로, 제가 정말 드리고 싶었던 질문인데, "MZ세대가 한일관계 개선에 주체적으로 기여할 수 있는 방법은 무엇인가? 주체적인 방법이면서 구체적인 방법은 무엇일까?"라는 질문을 주셨습니다. 어차피 이것은 마지막에 드리고 싶었던 질문인데, 이것을 대답해주시면서 마무리 발언을 해주시면 좋을 것 같습니다. 먼저, 아베 재등판에 대해 어떻게 보시는지, 다음으로 방사능 폐기물에 대해 어떻게 보시는지?

손석의 : 일단 이은경 교수님께서 지적해 주신 부분에 대해서 제가 한 말씀 드리자면, 처음에 제가 어릴 때 한국에 왔을 때와 비교하면, 한국이 아주 많이 발전했는데요, 사실 일본과 왔다 갔다 하면서 한국이 더 발전한 부분이 매우 많다고 느꼈고, 특히 최근 3-4년만 두고 봤을 때는 더욱 그렇게 느꼈습니다. 코로나 대응에 있어서도 한국

이 일본보다 잘하고 있다고 저도 인식을 하고 있습니다. 하지만, 동아시아 내에서의 위상에 대해서, 아까 제가 말씀드린 부분은, 군사력과 무기체제, 한미동맹과 미일동맹을 비교해볼 경우, 만약 전쟁이 일어나면 한국이 실질적으로 무엇을 할 수 있느냐와 같은 분석을 할 때, 한국이 부족한 부분이 있고 자율적으로 뭔가 하지 못하는 부분이 많다고 다른 연구자들에 의해서 논의되고 있다는 것입니다. 그런 면에 있어서 저는, 국가 레벨이나 경제 규모 이런 면에서는 비슷해지고 있다고 하는 많은 논문들이 나오고 있지만, 순수히 안보 측면에서만 봤을 때에는 아직 체계적이지 못한 부분이 많이 있기 때문에 그런 측면에서 말씀드린 것이고, 오해하지 않아주셨으면 좋겠습니다.

아베 재등장 가능성? 저는 설마라고 생각하고 있는데요, 아베가 매우 활발히 당내 활동을 하고 있다고 합니다. 하지만 제가 봤을 때는 아베의 출신인 호소다파를 챙기기 위해서 하는 것이라고 생각하고 있습니다. 이 호소다파는 백 명 가까이의 의원들이 소속되어 있기 때문에 매우 큽니다. 매우 크기 때문에 아베가 나가고 나서 구심력을 많이 잃었어요. 그런데 이 호소다파는 안에서도 갈등이 많기 때문에 일단 호소다파를 한 데로 있는 것이

좋다는 판단 하에, 선대 정부의 영향을 미치기 위한 전략적 행위인 것 같습니다. 설마 다시 나오진 않겠지라고 저는 생각합니다. 불가능하다고는 말씀을 못 드리지만 그것보다는 파벌적인 요소인 것 같습니다.

오승희 : 이은경 선생님께서 북한 문제에 대해 이야기하셨는데요, 이와 관련해서 생각해 보고 싶은 것이 있습니다. 저는 70년대 중일국교정상화 과정을 추적해오고 있습니다. 70년대 초반에 미중 화해가 전개되는 과정에서 이른바 핑퐁외교가 중요하지 않았습니까. 일본 나고야 탁구선수권대회가 만남의 장을 마련했는데요, 일본에서 열린 탁구 대회에 중국과 미국 선수가 참가해서 기회를 만들고, 미중 화해의 분위기를 조성한 것이 1971년입니다. 1972년에 일본과 중국이 접근해서 중일국교정상화를 정상 간 공동성명이라는 형식으로 정치적인 해결을 시도했고, 그리고 한참 지나 1978년이 되어서야 중일평화우호조약을 맺어 국회 비준까지 얻게 되었는데요. 1972년부터 6년 정도 걸렸습니다. 정치적인 선언으로 미중화의 분위기를 만들고, 중일 정상이 움직이고 국회의 동의가 필요한 평화우호조약을 1979년에 미중국교정상화 시기와 맞추어 실현합니다. 이러한 국제 환경 속에서 미중

관계 속 중일관계를 시기적으로 맞추어 전개하면서 중일 간 관계를 단계적으로 추진해나가는 과정을 참고할 필요가 있다고 생각합니다.

코로나로 인해 개최가 쉽지는 않겠지만, 만약 도쿄올림픽이 내년에 열린다면 김정은 위원장이 참가할 수 있느냐를 가지고 타진하고 있다고는 하는데요, 평창올림픽 때도 생각지 못한 남북관계가 전개되었듯이, 향후 예정되어 있는 도쿄 및 베이징올림픽에서도 스포츠 경기의 무대를 외교무대의 장으로 활용할 수가 있겠습니다. 정치적인 선언에서 시작해서, 한국 역시도 일본과 평화우호를 상징하는 것들을 만들었으면 좋겠습니다. 개인적으로는, 그 관계 속에서 역시 북일국교정상화나 북미국교정상화 프로세스를 같이 돌릴 수 있으면 좋겠고, 역시 이 과정에서 러시아, 중국, 미국, 일본 등 역내 국가들이 참여하지 않을 수가 없다는 생각을 가지고 있습니다. 그다음에 후쿠시마 오염수, 방사능과 관련된 문제, 환경 문제 관련해서는 바이든 정부가 들어섰기 때문에 환경 문제가 좀 더 거론이 많이 될 것이라고 생각합니다. 탄소배출권 문제도 그렇고 미중관계에서 갈등요인으로 부각하게 될 수도 있긴 할 텐데요. 일본이 이 문제에 대해서 어느 정도 투명한 정보공개를 하고 있는지가 중요하다고 생각합니다. 이 문제는 국제 차원, 지역 차원뿐만 아니라 일본 국내적 차원에서도 문제가 될 수 있겠습니다. 정부가 얼마나 투명하게 이 부분에 대해서 정보를 공개하고 있는가. 이것은 신뢰의 문제와 관련이 되어 있기 때문에 중요하고, 한일관계 속에서도 역시 인접하고 있는 이웃 국가이기 때문에 이러한 정보공개와 신뢰 문제가 중요하다고 생각합니다. 하지만, 말씀하신 대로 동아시아 차원이나 국제 차원에서 환경 문제이기 때문에 안전과 환경 문제를 위기관리 프로세스 차원에서, 글로벌 거버넌스적인 접근이 필요하지 않나 생각을 해봅니다.

MZ세대의 한일관계의 역할에 대한 질문에 관해서 말씀드리면, 제가 이번 학기에 일본대중문화 수업을 하고 있는데요, 아무래도 대학교 1학년 학생들이 많기 때문에 제가 물어봅니다. 저도 MZ라고 하기에는 나이가 많아서 학생들 이야기를 들어보고 하는데, 일본대중문화 수업을 하면서 제일 힘든 것이 일본이 80년대에 얼마나 잘 살았는지 설명하는 것입니다. 90년대, 2000년대생 학생들은 일본이 한국보다 훨씬 잘 살았다는 것을 상상하기가 어렵습니다. 워낙 BTS와 블랙핑크가 세계를 휩쓸고 있고, 삼성과 LG가 너무 잘나가고, 지금 세대는 소니나 후지와 같은 글로벌 대기업을 잘 모르는 세대이기 때문에 일본이 80년대 90년대 엄청난 경제성장을 하고 대중문화도 굉장히 찬란했다고 계속 이야기하는데, 저만 흥분하는 느낌이 드는 부분이 있었습니다. 일본의 많은 노래들을 한국에서 리메이크했다고 하면 다들 너무 놀라는 겁니다. 놀랄 때마다 일본에 대해서 조금 더 많이 알았으면 좋겠다는 생각이 들고, 아까 말했듯이 45년 이후의 일본에 대해서 조금 더 많이 안다면 젊은이들이 일본에 대한 경직된 사고를 완화하는 것에 도움이 되지 않을까 생각합니다.

군국주의 일본에 대해서는 예전에 게이오 대학의 학생들과 이야기를 할 기회가 있었습니다. 일본 학생들이 가장 놀라워하면서 질문했던 부분은 한국인은 왜 일본을 군국주의로 보느냐, 너무 쇼크다, 라는 것이었습니다. 어떻게 보면 일본 입장에서는 전후 일본이 사실 평화주의의 길을 걸어왔다고 생각할 것이고, 아무래도 일본의 국가 정체성은 평화국가 일본이라고 생각할지도 모르겠습니다. 일본은 스스로를 평화 국가로 생각하는데, 한국은 일본을 군국주의로 보면 인식의 격차가 엄청난 것인데요. 아무리 민간교류가 최근에 진전되었다고 하더라도 그런 인식 차이는 아직까지 해소되기 쉽지 않아서, 일본에 대해서 기존의 당연하다고 여겼던 것들, 경직적인 사고에서 벗어나 한번 자유로운 사고를 해보면 좋지 않을까 생각합니다.

남기정 : 네. 아까 대답하지 못한 것을 다시 묻겠습니다. 손석의 박사님. 후쿠시마 오염수 문제에 대한 대응 문제에 대해 말씀해 주세요.

손석의 : 저는 오승희 박사님과 큰 입장 차이가 있는 것 같긴 한데요. 사실 질문 받을 때까지 후쿠시마 오염수 문제가 한국에서 큰 화제가 될 줄 몰랐었거든요. 그래서 열심히 찾아봤는데, 사실 한국만 지금 반대하고 있는 입장이라는 것이 그림이 안 좋죠. 한국만이 정부 레벨에서 이 문제에 대해서 비판하는 것이 일본에 대한 개별적인 감정이 없더라도 그렇게 지적 받을 수밖에 없기 때문에, 저는 시민사회 간의 협력을 더 늘려야 된다고 생각합니다. 정부 입장에서 공식적으로 일본정부에 이의를 제기하는 것에 신중해야 하고, 오전에 박태균 원장님께서 말씀하신 '조용한 외교'가 필요하다고 한 것에 공감을 하는데요. 앞으로 혹시나 한국도 그런 상황에 처할 수도 있다는 생각을 하면서 직접 정부가 나서기보다 시민사회에 맡기는 것도 방법이 아닐까 생각하고, 일본 시민사회와

의 연대도 이런 부분에서 활발해질 수도 있다고 생각합니다.

남기정 : 마지막으로 질문 하나가 더 들어왔다고 하는데, 제가 두 분께 미리 드린 질문이기도 해요. 문제인-스가 공동선언이라고 하는 것이 언론에서 한 번 나온 적이 있었어요. 이와 관련해서 영상 채팅을 통해 들어온 질문은, 사실 지금까지 상당한 정도로 한국과 일본 사이에서 공통의 인식을 만들어놓은 것이 있지 않느냐, 그것보다 더 나은 것을 지금 기대할 수 있는가라는 것입니다. 만일 문재인 대통령과 스가 수상이 뭔가 만들어낸다고 한다면, 지금보다 진전된 인식으로 그것을 만들어 내기 위해서 뭐가 거기에 더 필요한 것인지, 혹시 생각나는 것이 있으면 한 가지만이라도 말씀해 주시면 좋겠습니다.

오승희 : 인정이 화해로 나아가는 첫 단계인가라는 부분을 생각해 보고 있는데요. 그 과정에 대해서 최근에 든 생각은 인정이라 하는 것도 사실의 인정도 있고, 권리의 인정이 있고 가치를 인정하는 것이 있는데, 무엇을 어느 정도의 수준으로 인정하는가에 대해 세분화하여 생각해 볼 수 있습니다. 일본은 과거사의 사실 문제를 이야기하

는 점에서 가능하다면 회피하려고 하는 부분이 있습니다. 또 가치적인 인정 차원에서의 합의까지는 나아가지 못하는 것 같고, 권리를 수용하고 있는 차원에서 정부관계도 인정하고 있는 것 같은데, 북한 문제를 생각하면 정부승인 문제가 걸리기 때문에, 한일관계에서도 인정이라는 것을 큰 범위로 봤을 때에는, 한일관계가 어느 수준의 상호인정을 하고 있는가라는 차원에서 살펴볼 것이 많습니다. 돌이켜보면 제 세대가 대중문화를 즐길 수 있었던 건 김대중-오부치 선언 이후의 대중문화 개방이 있었기 때문이고 여러 가지 제도적인 지원이 있어야 한일관계 개선에도 도움이 된다고 생각합니다. 기존의 합의들을 존중하되, 역사 문제를 어떻게 짚고 넘어가야 되는가라는 부분은 최소한은 과거사 문제로 양국이 어려운 시기를 겪었다는 것을 인정할 필요가 있지 않은가라는 생각이 듭니다. 그리고 피해자의 아픔에 공감하는 부분을 어떠한 표현으로 담아낼 것인지, 화해의 길로 한일관계가 나아가기 위한 내용들을 합의해 나가야 하지 않을까 싶습니다. 평화와 우호에 관련해서는 일본도 일본 나름의 기존의 프로세스를 굉장히 존중하는 입장이기 때문에 일본도 기존의 합의나 과정들을 무시하지 않고, 한국도 기존의 쌓아온 노력들을 바탕으로 해서 새로

운 것을 만들어가야 되지 않을까라고 생각합니다. 서로
가 상호 존중하는 것들이 필요하고요, 상호 혐오의 악순
환을 어떻게 극복할 수 있는가라는 부분을 다양한 세대
가 함께 고민해 보면 좋지 않을까 합니다. 또한 다양한
민간교류와 문화 요인이 굉장히 중요합니다. 장기적으
로 봤을 때에는 문화적인 요인을 중요하게 살펴볼 필요
가 있다고 생각합니다.

남기정 : 상호 인정이 중요하고, 평화와 우호 조약이라는 명
칭까지는 아니어도 평화와 우호라는 말이 들어가면 좋
겠다, '다양한 세대'와 '문화교류'가 구체적으로 들어가면
좋겠다, 이렇게 말씀해 주셨습니다.

손석의 : 저도 전적으로 동의하고요. 저는 문제인-스가 공동
선언이 현실성이 떨어진다고 혼자 생각하고 있었기 때
문에 자세하게 생각하지는 않았는데요. 제가 적어놓은
것은 코로나 대응, 다자간 협력의 중요성, 역사 문제 해
결을 위한 담화를 낼 것, 한반도 비핵화, 인적 교류 추진
과 같은 아주 기본적인 입장들, 이미 공감대가 있는 부
분에 대해서 재확인하는 것만으로도 지금 교착상태에서
의미가 있지 않을까 하는 것이고, 그것만으로도 충분하

지 않을까라는 생각을 합니다.

남기정 : 왜 이런 질문을 주냐, 그냥 있는 걸 잘 챙기라는 대
답이었던 것 같습니다. (웃음) 감사합니다. 굉장히 좋은,
재미있는 좌담 시간이 되었던 것 같습니다. 저도 느낀
게 많았고요, 공부한 것도 많았습니다. 다시 한번 확인
하는 것인데 부제가 젊은 연구자의 시선이었습니다. 젊
은 연구자의 시선이라고 해서 운을 맞춰 보니, 젊은 예
술가의 초상이라는 소설이 생각나는데요. 대학교 1학년
때 읽었던 제임스 조이스의 소설입니다. 우리는 어려서
부터 어른 세계를 보면서 어른 세계의 위선들을 확인하
지 않습니까. 정치인들의 위선 같은 것들 말이죠. 소설
에서 주인공이 어른들의 세계에 대해 어린 시선으로 보
는 것에 감탄을 했습니다. 오랫동안 우리가 굉장히 크게
구속되었던 게 어떤 종교적 권위, 신과 같은 권위로부터
의 구속인데, 거의 종교적인 진리라는 것이 인간의 해방
을 위한 것이 아니라 인간에 대한 구속이었다는 것을 느
끼면서 주인공은 진리에서 벗어날 각오를 하잖아요. 그
러면서 예술의 세계에 들어가기로 결심을 하는데, 아무
튼 모든 권위에 도전하면서 예술의 길로 가려고 결심하
는 과정이 이야기의 줄거리였던 것으로 기억합니다. 여

기 계시는 분들이 기존의 권위에 도전하면서 실수를 두려워하지 않는 젊은 시선과 행위로서, 바람이 오가는 한일관계가 될 수 있도록, 기존 권위의 벽에 구멍을 뚫어주었으면 합니다.

여러분, 굉장히 수고하셨고 재미있었고요. 또 여러분들보다 더 젊은 사람들이 청중으로 이 좌담을 보면서 "저거밖에 못해?"라고 생각할 수도 있는데, 더 새로운 것들이 나오기를 기대하면서 좌담회를 마치도록 하겠습니다. 여러분들 감사하고요, 두 분 수고했습니다. 감사합니다.

저 자 ▎ **남기정**

서울대학교 일본연구소 HK교수. 도쿄대학 대학원 총합문화연구과에서 박사학위(2000)를 취득했다. 고려대학교 평화연구소 전임연구원, 일본도호쿠대학 법학연구과 교수, 국민대학교 국제학부 교수 등을 거침. 전후 일본의 정치와 외교를 동아시아 국제정치의 문맥에서 분석하는 일에 관심이 있으며, 최근에는 전후 일본의 평화주의와 평화운동에도 관심을 갖고 연구. 최근 연구업적으로 『競合する歴史認識と歴史和解』(공저, 2020), 『난감한 이웃 일본을 이해하는 여섯 가지 시선』(공저, 2018), 『기지국가의 탄생: 일본이 치른 한국전쟁』(2016), "Linking peace with reconciliation: Peace on the Korean Peninsula and the Seoul-Pyongyang-Tokyo triangle"(2019), 「한일관계를 어떻게 할 것인가?: 한일관계 재구축의 필요성, 방법론, 가능성」(2019), 「저출산 고령화 시대 일본의 복지와 방위: 대포와 버터의 정치경제학」(2018) 등이 있다.


저 자 ▎ **오승희**

동아시아연구원 수석연구원. 이화여자대학교 정치외교학과에서 박사학위(2016)를 취득했다. 가톨릭대학교, 고려대학교, 이화여자대학교 강사, 고려대학교 글로벌일본연구원 연구교수, 게이오대학교 방문연구원 등을 거침. 주로 일본 외교정책, 중일관계, 외교정책분석 등을 연구. 최근 연구로는 『전후 중일관계 70년: 마오쩌둥-요시다 시기부터 시진핑-아베 시기까지』(공저, 2019), "미·중 이중적 위계 구조와 한국의 지전략" 「국방연구」(공저, 2020), "한국 젊은 층의 일본관 변화와 문화적 요인 분석: '상호 혐오의 악순환'을 넘어" 「일본문화학보」(2020) 등이 있다.

저 자 | 손석의

서울대학교 일본연구소 HK연구교수. 서울대학교 국제대학원에서 박사학위(2018)를 취득했다. 주로 정치개혁 이후 자민당정권 연구를 하고 있으며, 자민당-공명당 연립 정권, 야당세력 재편, 정당-유권자 관계 등에 관심을 갖고 연구를 진행. 연구업적으로 Examining Opposition Realignment and Japan's Rightward Shift in the 2017 General Election (2020), Patterns of Junior Partner's Electoral Strategy amid the Rise of Third Party (2020), Sustaining Coalition through Adaptive Electoral Alliance (2019) 등이 있다.

◖ IJS 　서울대학교 일본연구소
　　　　Reading Japan [31]

# 스가 내각 출범 이후
# 한일관계를 구상하다

## 젊은 연구자의시선

**초판인쇄**　2021년 3월 10일
**초판발행**　2021년 3월 17일

**기　　획**　서울대학교 일본연구소
**저　　자**　남기정, 오승희, 손석의
**기획책임**　조관자
**기획간사**　홍유진
**발 행 인**　윤석현
**책임편집**　김민경
**발 행 처**　제이앤씨
**등　　록**　제7 - 220호
**주　　소**　서울시 도봉구 우이천로 353
**전　　화**　(02)992 - 3253(대)
**전　　송**　(02)991 - 1285
**전자우편**　jncbook@daum.net
**홈페이지**　http://www.jncbms.co.kr

ⓒ 서울대학교 일본연구소, 2021.

ISBN 979 - 11 - 5917 - 174-1　　03340　　　　　**정가** 9,000원